Publicado por Adam Gilbin

@ Simón Zarco

Dieta Cetogénica: La Guía Más Completa Para

Perder Peso Y Recetas De Comidas Recetario

All Right RESERVED

ISBN 978-87-94477-50-5

TABLE OF CONTENTS

curry De Carne Tailandesa 1

Huevos Al Horno Picantes Bajos En Carbohidratos Con Hash Con Queso 3

Receta Keto De Jamón, Ricotta Y Espinacas 6

Tazón De Carne Para Burritos 8

Tazón De Jalapeños Con Tocinos Y Huevos 10

Hueveras Keto Con Tocino Y Cebolla 12

Carne Cetogénica Crujiente Y Picadillo De Rábano 14

Corazones De Alcachofas Fritos 16

Enrollado De Pollo, Provolone Y Prosciutto 18

Pollo Con Verduras Keto 20

Ensalada De Carne Keto 22

Cena: Rollos De Col 25

Revuelto De Tofy 29

Sushi Vegetariano 31

Cazuela De Calabacín Para El Desayuno 33

Panqueques Paleo Perfectos 35

Bagel De Desayuno Cetogénico 37

Café A Prueba De Balas 39

Sopa Rápida De Leche De Coco Con Camarones 40

Waffles Ceto De Harina De Almendra 42

Batido Ceto De Proteína De Chocolate 45

Pimientos Rellenos De Alcachofa Y Espinaca 47

Brócoli Keto Al Horno 50

Patatas Fritas Keto Al Horno 52

Nidos De Jamón Con Espinacas Y Huevos 54

Sopa De Espinafre E Linguiça 56

Frango Tandoori 58

Ensalada De Atún Cítricos Con Tomates 60

Pollo A La Parrilla Marinado Con Limón Y Romero 62

Hamburguesa De Desayuno Keto 64

Rollo De Canela "Avena" 66

Sopa De Pollo Keto Fácil - Baja En Carbohidratos 70

Asado Cetogénico Fácil 72

Omelette Keto Con Queso 76

Pan Keto Con Mantequilla Derretida 79

Filetes De Coliflor Con Aguacate 82

Salteado De Tufú 84

Cerdo Asado (O Cordero) Con Hinojo 88

Calabaza Espagueti Con Búfalo A La Boloñesa 90

Calabaza Moscada Con Tocino Y Res 93

Espaguetis Con Salsa De Pimiento Rojo Asado 96

Sopa De Pollo Y Huevo 99

Sopa De Brócoli 101

Caldo De Res Con Vegetales Al Estilo Oriental 103

Tortillas Cetogénicas 106

Ensalada Club Vegetariana Ceto 109

Ensalada De Verduras Y Queso De Cabra Frito 112

Mousse Ceto De Yogur Y Arándanos 115

Crema De Mascarpone De Cacao Y Almendras 117

Gachas Con Canela Y Frutos Secos 119

Cordeiro Ao Curry 121

Biscoitos De Cheddar 123

Ensalada Fácil De Atún Keto: Baja En Carbohidratos Y Paleolítica 125

Hummus De Coliflor Baja En Carbohidratos 126

Arroz Cavernícola Con Chile Y Coliflor 129

Arroz De Coliflor 131

Cerdo Desmenuzado 133

Ensalada De Brócoli Cetogénica 136

Waffles De Tomillo Y Queso 138

Caserola Cetogénica Cremosa De Setas 141

Curry De Carne Tailandesa

Ingredientes:

- 2 cucharadas de hojas de lima kaffir, en rodajas finas

- 1 taza de leche de coco sin azúcar

- ½ taza de caldo de res o agua (opcional)

- 3 paquetes de stevia

- 1 cucharadita de sal

- 2 libras de bistec de ternera, cortado en tiras finas

- 2 cucharadas de aceite de oliva

- ¼ taza de pasta de curry Panang

Direcciones:

1. En una olla a fuego medio-alto, agrega 1 cucharada de aceite y fríe las hojas de lima kaffir.
1. brevemente. Agregue la pasta de curry, reduzca a fuego lento y cocine durante unos 3 minutos o hasta que aromático.
2. Agregue la carne y cocine por 5 minutos mientras revuelve ocasionalmente. Agregue la stevia y luego vierta el caldo y la leche de coco. Revuelva brevemente para distribuir uniformemente los Ingredientes: y cubra
3. con tapa. Llevar a ebullición y reducir el fuego a bajo. Cocine a fuego lento durante 30 a 35 minutos o hasta que el la carne está tierna y bien cocida.
2. Ajuste el sabor y cocine más para ajustar la consistencia de la salsa.
4. Reparta el curry de ternera en tazones para servir individuales o transfiéralo a un tazón para servir y servir inmediatamente.

Huevos Al Horno Picantes Bajos En Carbohidratos Con Hash Con Queso

Ingredientes:

- ½ cucharadita de ajo en polvo
- ¼ taza de queso triturado mezcla mexicana
- ½ aguacate mediano
- 3 huevos grandes
- 1 cucharada de jalapeños en rodajas, opcional
- 3 cucharadas de queso cotija
- 150 g de calabacín, cortado en cubitos
- 180 g de coliflor picada
- ½ pimiento rojo mediano, cortado en cubitos

- 1 cucharada de aceite de coco, derretido
- 1 cucharadita de pimentón ahumado
- 1 cucharadita de cebolla en polvo
- 2 cucharaditas de sazon de tajin

Direcciones:

1. Caliente el horno a 200 ° C y cubra una bandeja para hornear redonda o rectangular con papel de aluminio. En una capa uniforme esparce el calabacín, la coliflor y el pimiento rojo, luego rocíe con aceite. Espolvoree sobre la cebolla en polvo y el ajo , luego mezcle para cubrir. Alise todo de nuevo en una sola capa.
2. Hornee durante 10 a 15 minutos o hasta que empiece a dorarse.
3. Retire las verduras asadas del horno y cúbralas con queso de mezcla mexicana rallado.

4. Arregle las rebanadas de aguacate alrededor de las verduras, y raje tres huevos en los espacios que se encuentran en medio.
5. Hornee por aproximadamente 10 minutos o hasta que los huevos alcancen su nivel preferido de cocción.

Receta Keto De Jamón, Ricotta Y Espinacas

Ingredientes:

- ½ cebolla amarilla pequeña

- ¼ cucharadita de sal

- ½ cucharada de condimento de ajo y hierbas

- Caja de 250 gramos de espinaca congelada, agua exprimida

- 12 huevos grandes

- ¼ taza de crema batida pesada

- 1 taza de queso ricotta

- 400 g de jamón picado

Direcciones:

1. Precaliente el horno a 180 ° C y comience a cortar media cebolla amarilla.
2. Mezcle los cuatro huevos, la crema batida espesa, el queso ricotta y la cebolla hasta que quede suave. Poner a un lado.
3. En otro tazón, mezcle el resto de los huevos.
4. Añadir la mezcla mezclada a los huevos y batir juntos. La mezcla mezclada ayudará a mantener los huevos juntos, casi como una corteza.
5. Agregue la sal, el ajo y el condimento de hierbas hasta que esté completamente mezclado.
6. Cuando esté hecho, doblar en la espinaca y el jamón picado.
7. Rocíe un plato de cacerola de 9x13 con aceite en aerosol y vierta la masa en el plato.
8. Hornee por 30-35 minutos a 180 ° C o hasta que la parte superior se vea completamente cocida.

Tazón De Carne Para Burritos

Ingredientes:

- Cilantro Picado (2 T)

- Mantequilla (2 t, dividida)

- Huevos (3 qty)

- Sal al gusto

- Carne molida sazonada - puede usar la receta de Taco Keto (.5 libras)

- Preparado Rif Coliflor (2 tazas)

- Pimienta al gusto

Direcciones:

1. Dorar y condimentar la carne en una sartén grande con una cucharadita de mantequilla.

Cuando haya terminado, empuje hacia un lado.
2. Agregue la coliflor en cubitos y el cilantro picado. Sazonar con sal .Empuje hacia un lado.
3. Derrita una cucharadita de mantequilla en el espacio abierto de la sartén.
4. Batir los huevos y añadir a la mantequilla .Revuelve en la sartén. Si su sartén no es lo suficientemente grande para este paso, use una bandeja separada.
5. Mezclar todo junto.
6. Sazone con sal y pimienta si es necesario.

Tazón De Jalapeños Con Tocinos Y Huevos

Ingredientes:

- Cheddar, rallado (6 onzas)
- Jalapeño (2 qty)
- Sal al gusto
- Tocino sin nitrato, cocinado y desmenuzado (5 onzas)
- Huevos (12)
- Pimienta al gusto

Direcciones:

1. Encienda el horno para que se precaliente a 350 grados F.

2. Cortar el jalapeño por la mitad, a lo largo, y quitar las semillas. Picar 1 jalapeño y cortar el otro.
3. Batir los huevos con un batidor y agregar el queso.
4. Engrase un molde para muffins con la grasa que prefiera y cubra el fondo con el jalapeño y el tocino picados. Vierta la mezcla de huevo en cada panecillo bien.
5. Cada panecillo obtiene una porción del otro jalapeño en la parte superior.
6. Pop en el horno caliente durante unos 20 minutos. Los huevos ya no deben verse húmedos. Cuando haya terminado, retire del horno y deje enfriar.
7. Servir

Hueveras Keto Con Tocino Y Cebolla

Ingredientes:

- 1/2 cucharadita de sal kosher
- 1/4 cucharadita de pimienta negra molida
- 10 huevos grandes
- 1/2 taza de cebolla amarilla picada
- 6 rebanadas de tocino crudo picado
- 1/4 de taza de agua

Direcciones:

1. Precalentar el horno a 375 grados Fahrenheit.
2. Combine la cebolla, el tocino, la sal y la pimienta en una sartén grande.

3. Cocinar a fuego medio durante 10 minutos, o hasta que las cebollas y el tocino estén dorados.
4. En un tazón grande, bata los huevos y el agua hasta que estén completamente combinados.
5. Dividir la mezcla de tocino y cebolla entre 12 moldes para muffins de tamaño estándar en un molde antiadherente para muffins (o utilizar forros de aluminio o silicona).
6. Remover la mezcla alrededor de los lados del molde para engrasar los bordes.
7. Vierta la mezcla de huevo en los moldes.
8. Hornee durante 20 minutos o hasta que estén firmes.
9. Sacar y enfriar ligeramente antes de servir.
10. Conservar en un recipiente hermético en el frigorífico hasta una semana, o en el congelador hasta 3 meses.
11. Recalentar en el microondas de 30 segundos a 1 minuto antes de servir.

Carne Cetogénica Crujiente Y Picadillo De Rábano

Ingredientes:

- 1/4 cucharadita de pimienta negra molida
- 1/2 cucharadita de orégano seco (mexicano si lo tiene)
- 1/4 cucharadita de ajo en polvo
- 1 lata de doce onzas de carne en conserva o 1 taza de carne en conserva finamente picada, envasada
- 1 cucharada de aceite de oliva
- 1/4 de taza de cebollas picadas
- 1 taza de rábanos, cortados en dados de aproximadamente 1/4 de pulgada

- 1/2 cucharadita de sal kosher

Direcciones:

1. Calienta el aceite de oliva en una sartén grande y añade las cebollas, los rábanos, la sal y la pimienta.
2. Saltear las cebollas y los rábanos a fuego medio durante 5 minutos o hasta que se ablanden.
3. Añade el orégano, el ajo en polvo y la carne en conserva a la sartén y remueve bien hasta que se combinen.
4. Cocinar a fuego lento o medio, removiendo de vez en cuando, durante 10 minutos o hasta que los rábanos estén blandos y empiecen a dorarse.
5. Presione la mezcla en el fondo de la sartén y cocine a fuego alto durante 2-3 minutos o hasta que el fondo esté crujiente y dorado.
6. Servir caliente.

Corazones De Alcachofas Fritos

Ingredientes:

- 12 alcachofas baby frescas
- 2 cucharadas de jugo de limón
- Aceite de oliva
- Sal

Direcciones:

1. Corte las alcachofas verticalmente en cuñas estrechas.
2. Escúrralos sobre toallas de papel antes de freír.
3. Caliente el aceite de oliva en una sartén de hierro fundido a fuego alto.
4. Fría las alcachofas hasta que estén doradas y crujientes.

5. Escurrir el exceso de aceite en toallas de papel. Espolvorear con sal y jugo de limón.

Enrollado De Pollo, Provolone Y Prosciutto

Ingredientes:

- 8 onzas de queso provolone
- 8 licitaciones de pollo crudo
- ⅛ cucharadita de pimienta negra
- ¼ cucharadita de ajo en polvo
- 8 rebanadas de jamón

Direcciones:

1. Golpee el pollo hasta que tenga media pulgada de espesor. Sazone con sal, pimienta y ajo en polvo. Corte el queso provolone en 8 tiras.
2. Coloque una rebanada de jamón sobre una superficie plana. Coloque un pollo tierno en la

parte superior. Cubra con una tira de provolone.

3. Enrolle el pollo y asegúrelo con los pinchos previamente empapados. Coloque a la parrilla las envolturas durante unos 3 minutos por lado.

Pollo Con Verduras Keto

Ingredientes:

- 220 o 300 gramos de tomate.

- 220 o 300 gramos de champiñones.

- ½ de cucharadita de pimienta.

- 1 cucharada de sal.

- 120 a 150 mililitros de aceite de oliva.

- 4 pechugas de pollo.

- 30 gramos de mantequilla.

- 450 o 500 gramos de coles de Bruselas.

- 1 o 2 cucharadas de romero seco.

Direcciones:

1. Deberás precalentar el horno a una temperatura de al menos unos 200º Celcius.
2. Coloca las verduras en una asadera.
3. Añadir la sal, la pimienta y el romero encima de las verduras.
4. Echar el aceite de oliva por encima de todo y revolver para que mezcle con las verduras.
5. El tiempo de horneado debe ser entre 15 a 20 minutos o hasta que notes que las verduras están suaves.
6. Mientras las verduras se cocinen, deberás poner a freír el pollo en aceite de oliva o en mantequilla para salpimentar. La temperatura debe ser de unos 75 a 80º Celcius.

Ensalada De Carne Keto

Ingredientes:

- 180 ml de mayonesa.

- Sal al gusto.

- Pimienta al gusto.

- 300 gramos de chorizo.

- 2 o 3 cebollas.

- ½ de cebolla roja. (opcional)

- 70 gramos de lechuga.

- 50 gramos de pepinos.

- 1 cucharadita de aceite de oliva.

- 1 cucharadita de jengibre fresco rallado.

- 1 cucharadita de salsa de pescado.
- 1 cucharadita de hojuelas de ají.
- ½ cucharadita de zumo de lima.
- 1 cucharada de aceite de sésamo.
- 75 gramos de tomate.
- Cilantro al gusto.

Direcciones:

1. Deberás preparar la mayonesa con el aceite de sésamo, luego añadir jugo de lima e incluir en la mezcla con sal y pimienta.
2. Deberás mezclar todos los Ingredientes: para untarla en la carne de res, deberás dejarlo reposar por 15 minutos a una temperatura ambiente.
3. Deberás cortar las verduras en la ensalada; con excepción de las cebollas, estas deben

quedar en trozos pequeños y repartirlas en dos platos.

4. Pon a calentar un sartén a una buena temperatura, posteriormente añade las semillas de sésamo en el sartén; es importante que este se encuentre seco, en aproximadamente 1 a 2 minutos ya debería estar doradas.
5. Coloca a secar la carne, deberás darle pequeños golpes con un papel de cocina por ambas partes. Es importante que se encuentre en altas temperaturas o que esté completamente dorado.
6. Colócalo en una tabla de cortar y procede a cortarlo como más te guste.
7. Coloca la carne en el plato y decóralo encima con las verduras o viceversa, coloca la carne encima de las verduras.

Cena: Rollos De Col

Ingredientes:

- 2 cucharadas de cebolla picada
- Sal y pimienta a gusto
- 1/4 cucharadita de pimentón
- 3/4 taza de arroz de coliflor sin cocinar
- 1 cucharada de perejil
- 1 huevo
- 1 taza de nueces peladas
- 4 hojas grandes de col verde
- 1 cucharada de aceite de oliva virgen extra
- 1/2 taza de salsa de tomate baja en azúcar

Direcciones:

1. Para preparar las nueces, colóquelas en un plato pequeño y cúbralas con agua fría y déjelas en remojo durante la noche, o cúbralas con agua hirviendo y déjelas en remojo durante 30 minutos.
2. Precalentar el horno a 177 C.
3. Vierta suficiente agua en una olla grande. Tapar y llevar a fuego lento.
4. Agregue las hojas de repollo, cubra y cocine hasta que las hojas estén suaves, aproximadamente 5 minutos
5. Mientras tanto, caliente el aceite de oliva en una sartén a fuego medio bajo. Agregue las cebollas, la sal, la pimienta y el pimentón y cocine, revolviendo con frecuencia, hasta que las cebollas se vuelvan transparentes.
6. Agregue el coliflor, revuelva para combinar y baje el fuego a bajo. Continúe cocinando

hasta que el arroz esté suave, aproximadamente 10 minutos.

7. Cuando el repollo esté listo, retire las hojas de la olla drene y deje enfriar.
8. Escurra las nueces empapadas y colóquelas en una licuadora o procesador de alimentos.
9. Pulse hasta que tengan la consistencia de carne molida cocida. Agregue las nueces molidas, el perejil y el huevo de lino a la sartén con el arroz y revuelva para combinar. Apaga el fuego.
10. Una vez que las hojas de col estén lo suficientemente cocidas como para manejarlas, corta con cuidado la vena grande que corre por el centro de cada hoja. Cortar finamente las venas y mezclarlas con las nueces y la coliflor.
11. Extienda una hoja de repollo sobre una superficie de trabajo limpia con una cuchara un cuarto de la mezcla de nueces en una línea

a través de la parte superior de la hoja, asegurándose de dejar al menos un pequeño espacio para desenvolver.

12. Comenzando en los extremos, coloque los bordes de la hoja alrededor del relleno y luego desenvuelva el resto de la hoja alrededor del relleno.
13. Coloque el lado de la costura del rollo hacia abajo en una cacerola. Repita hasta hacer los cuatro rollos.
14. Coloca la salsa de tomate sobre los panecillos y hornea por 30 minutos.

Revuelto De Tofu

Ingredientes:

- 1 cucharadita de mostaza Dijon
- ½ cucharadita de ajo en polvo
- ¼ cucharadita de sal
- ¼ cucharadita de cebolla en polvo
- 8 onzas de tofu extra firme (226 g)
- 1 cucharada de mantequilla vegana
- 2 cucharadas de levadura nutricional
- ½ cucharadita de cúrcuma
- ½ cucharadita de pimentón
- ⅓ taza de leche de soya (80ml)

Direcciones:

1. Aplasta el tofu con un tenedor pero deja algunos trozos grandes y agradables.
2. Agregue la levadura nutricional, la cúrcuma, el pimentón, la mostaza dijon, el ajo en polvo, la sal y la cebolla en polvo en un tazón. Luego agregue la leche de soya y bátala para obtener una buena salsa.
3. Agregue la mantequilla vegana a una sartén y caliente hasta que esté caliente. Agregue el tofu y fríalo hasta que esté ligeramente dorado, teniendo cuidado de no romperlo demasiado al moverlo alrededor de la sartén.
4. Agrega la salsa y dóblala. Fríela hasta que hayas logrado la consistencia deseada, el tofu absorberá la salsa para que puedas tenerla tan húmeda o tan seca como quieras.
5. Cubra con un poco de pimienta negra y cebollino picado y sirva con algunos tomates fritos y aguacate en rodajas.

Sushi Vegetariano

Ingredientes:

- 1 cucharada de mayonesa vegetariana
- 1/2 cucharadita de semillas de sésamo negro
- 2 espárragos
- ½ avocado cortado en rodajas
- 2 cucharaditas de queso crema vegetariano
- 1 cucharada y 1 cucharadita de aceite de coco
- 3/4 taza de arroz de coliflor
- 1/2 cucharadita de vinagre de manzana
- 11/2 cucharaditas de polvo de proteína vegana sin sabor

Direcciones:

1. Coloque 1 cucharada de aceite de coco a fuego medio en una sartén
2. Agrege el arroz de coliflor
3. Cocine hasta que esté bien caliente, aproximadamente 5 minutos.
4. Transfiere el arroz a un tazón pequeño.
5. Espolvoree con el vinagre , el polvo de proteína, el resto de la cucharada de aceite de coco, la salsa yum y las semillas de sésamo.
6. Mezcle bien y coloque en el refrigerador por 5 minutos.

Cazuela De Calabacín Para El Desayuno

Ingredientes:

- 1 calabacín (pelado con pelador de juliana)

- 2 cucharadas. albahaca

- Sal y pimienta para probar

- 4-6 piezas de tocino sin nitrato/nitrito

- 2 tazas de carne cocida, cortada en cubitos (las sobras funcionan bien para esto)

- 1 cebolla roja, picada

- 4 dientes de ajo, picados

- 8 huevos batidos

Direcciones:

1. Precaliente el horno a 350°F. Engrase una fuente para hornear de 9x13 pulgadas con aceite de su elección (yo mantequilla usada).
2. Saltee las cebollas y el ajo hasta que las cebollas comiencen a caramelizarse. Apague el calor.
3. En un tazón, combine los huevos, la carne cocida, el calabacín rallado, la albahaca, la sal, y pimienta Mezclar bien.
4. Agregue las cebollas y el ajo salteados y revuelva hasta que estén bien combinados.
5. Vierta la mezcla en el plato preparado de 9x13 y hornee por 30 minutos o hasta que esté cocido. a través y un palillo sale limpio. Si lo desea, dore durante 3 minutos bajo el asador en alto.
6. Mientras tanto, cocina el tocino en una sartén hasta que esté a tu gusto.
7. Corta la cacerola y sirve cada porción con una rebanada de tocino encima.

Panqueques Paleo Perfectos

Ingredientes:

- 1/2 taza de mantequilla de nueces (prefiero la mantequilla de almendras)

- 2 cucharaditas canela

- 3 plátanos

- 3 huevos

Direcciones:

1. Precaliente una sartén a 350°F.
2. Combine todos los Ingredientes: en el procesador de alimentos y mezcle bien hasta que tenga una
3. masa.
4. Engrase una sartén con aceite de coco y vierta la mezcla en panqueques de 3 a 4 pulgadas.

5. Cocine 2-3 minutos por lado y luego voltee, y cocine 2-3 minutos adicionales
6. Cubra con mantequilla de animales alimentados con pasto o con el aderezo de su elección.
7. Disfruta

Bagel De Desayuno Cetogénico

Ingredientes:

- 100 gramos de harina de almendras
- 200 gramos de mozzarella
- 2 huevos
- 40 gramos de queso crema
- 1 cucharada de levadura en polvo

Direcciones:

1. Precalienta el horno a 200 ° C.
2. Prepara la masa para el bagel, primero mezcla los Ingredientes: secos, es decir, la harina y el polvo de hornear en un tazón.
3. Toma una cacerola y calienta brevemente la mozzarella y el queso crema hasta que se derritan.

4. Mezcla los Ingredientes: secos junto con la masa de queso y agrega los huevos, tienes que agitar la masa vigorosamente. No te sorprendas si la masa se empieza a volver pegajosa, es bastante normal.
5. Haz 6 rollos con forma de salchicha a partir de la masa que acabamos de hacer, luego se harán panecillos.
6. Déjalos hornear a 200 ° C durante unos 10 a 15 minutos.

Café A Prueba De Balas

Ingredientes:

- 250 ml de café negro

- 1 cucharada (sin excederse) de aceite de coco

Direcciones:

1. Prepara el café fresco y luego deja que el aceite de coco se mezcle en el café.
2. Si lo deseas, puede refinar el café "a prueba de balas" con un poco de eritritol, canela o vainilla en polvo.

Sopa Rápida De Leche De Coco Con Camarones

Ingredientes:

- 1 calabacín
- 1 pimiento
- 1 cucharada de aceite de coco
- 1 cebolla
- 2 dientes de ajo
- 1 lata de leche de coco
- 200 gramos de camarones
- 200 gramos de champiñones
- 2 cucharaditas de pasta de curry
- Sal y pimienta

Direcciones:

1. Calienta el aceite de coco en una cacerola.
2. Mientras la olla se calienta, pela y corta el ajo y la cebolla en trozos finos, luego fríelos junto con los camarones.
3. Agrega la pasta de curry y retírala con un poco de leche de coco.
4. Lava y corta las verduras en trozos pequeños y déjalos cocinarse en la olla.
5. Agrega la leche de coco restante, deja que todo hierva a fuego lento durante 5-7 minutos y sazona con sal y pimienta. Finalmente, sirve la sopa terminada en 2 tazones.

Waffles Ceto De Harina De Almendra

Ingredientes:

- 1 palito de mantequilla y más para servir
- 1/2 c. de mantequilla de almendras
- 2 cucharadas de extracto puro de vainilla
- Spray de cocina
- Jarabe de arce sin azúcar para servir
- Duración de la Direcciones: 10 minutos
- 4 huevos grandes
- Harina de almendras, 2 tazas
- 1/2 c. de giro granulado
- 2 cucharaditas de polvo de hornear

- 1 cucharada de sal kosher

- Duración total: 20 minutos

Direcciones:

1. Precalienta la plancha a temperatura alta. En un tazón grande, mezcla la harina de almendras, la stevia, el polvo de hornear y la sal hasta que se combinen.
2. En un tazón pequeño seguro para microondas, derrite la mantequilla y la mantequilla de almendras, revolviendo cada 15 segundos.
3. Revuelve la mezcla de mantequilla derretida con los Ingredientes: secos hasta que se combinen. Luego revuelve las yemas y la vainilla.
4. En otro tazón grande, usando una batidora de mano, bate las claras de huevo a picos rígidos.
5. Dobla los blancos en la masa hasta que se combinen .

6. Engrasa la plancha de gofres con spray de cocina y luego vierte la mitad de la masa en ella y cocina hasta que tenga un color dorado claro durante unos 5 minutos. Retirar a un plato y repete con el resto.
7. Cubre con una palmadita de mantequilla y jarabe dearce.

Batido Ceto De Proteína De Chocolate

Ingredientes:

- 2 a 3 cucharadas de sustituto de azúcar ceto a gusto

- 1 cucharada de semillas de chía, y más para servir

- 2 cucharadas de semillas de cáñamo y más para servir

- 1/2 cucharada de extracto puro de vainilla

- Pizca de sal kosher

- 3/4 c. de leche de almendras

- 1/2 c. de hielo

- 2 cucharadas de mantequilla de almendras

- 2 cucharadas de cacao en polvo sin endulzar

Direcciones:

1. añadir todos los Ingredientes: en la licuadora y mezclar hasta que esté suave. Vierta en un vaso y decore con más semillas de chía y cáñamo.

Pimientos Rellenos De Alcachofa Y Espinaca

Ingredientes:

- 1 lata (14 oz) de corazones de alcachofa, escurridas y picadas

- 1 paquete (10 oz) de espinacas congeladas, descongeladas, bien drenadas y picadas

- 6 onzas de queso crema, ablandado

- c. de mozzarella rallada, dividida

- 1/2 c. de parmesano rallado

- 1/2 c. de mayonesa

- 2 dientes de ajo picado

- 4 pimientos variados, cortados a la mitad y sin semillas

- Aceite de oliva extra virgen para lloviznar

- Sal kosher

- Pimienta negra recién molida

- 2 c. de pollo asado rallado

- Perejil fresco, picado para decorar

Direcciones:

1. Precalentar el horno a 400 grados. En una bandeja para hornear grande y con bordes, colocar los pimientos cortados de lado hacia arriba y rociar con aceite de oliva. Sazonar después con sal y pimienta
2. En un tazón grande, agregar pollo, corazones de alcachofa, espinacas, queso crema, 1/2 taza de mozzarella, parmesano, crema agria, mayonesa y ajo. Sazonar con más sal y pimienta. Revolver hasta que esté bien mezclado
3. Divide la mezcla de pollo entre las mitades de los pimientos, cubre con la mozzarella restante y hornea hasta que el queso se derrita y los pimientos estén tiernos durante unos 25 minutos.
4. Decorar con perejil y servir

Brócoli Keto Al Horno

Ingredientes:

- 3 cucharadas de aceite de oliva
- Sal y pimienta al gusto
- 2 lonchas de queso rallado
- 30 g de queso parmesano o grana rallado
- 2 Brócoli
- 30 g de almendras fileteadas
- un diente de ajo, picado si se desea

Direcciones:

1. Corta el brócoli en ramilletes, lávalos bajo el grifo y escáldalos durante 5 minutos en agua hirviendo con sal. Escúrrelos y déjalos enfriar.
2. Engrasa una fuente de horno con aceite y coloca el brócoli sazonado con sal, pimienta y

un chorrito de aceite de oliva y ajo si lo deseas.

3. A continuación, espolvorear la superficie con queso parmesano o parmesano rallado y el sottilette picado, añadir las láminas de almendra y hornear a 200°C durante 20 minutos.

Patatas Fritas Keto Al Horno

Ingredientes:

- 40 g de aceitunas verdes o negras en rodajas
- 1 cucharadita de levadura en polvo
- 2 huevos enteros
- 220 g de mozzarella para pizza
- 60 g Filadelfia
- 50 g de almendras fileteadas

Direcciones:

1. Batir los huevos enteros con un tenedor y añadir las almendras laminadas, las aceitunas y la levadura en polvo y mezclarlo todo.
2. Derretir la mozzarella y el queso Philadelphia en el microondas durante 2 minutos y

añadirlos a los huevos con las aceitunas y las almendras, añadir la levadura en polvo y mezclar bien.

3. Crea 6 purés con la masa y colócalos espaciados en una bandeja de horno y hornéalos a 200 grados durante unos 20 minutos.

Nidos De Jamón Con Espinacas Y Huevos

Ingredientes:

- 70 g de espinacas
- 2 cucharadas de requesón
- cebollino fresco
- 1 cucharada de queso parmesano rallado
- 4 lonchas de jamón serrano
- 2 huevos grandes
- piñones

Direcciones:

1. Limpiar las espinacas y hervirlas durante 2 minutos en agua con sal, escurrirlas, exprimir el exceso de agua y picarlas con un cuchillo. Pasa las espinacas a un bol y añade la ricotta, los huevos, el cebollino picado y los piñones.

2. Mezclar para obtener un relleno homogéneo, luego coger unos moldes y forrarlos con las lonchas de jamón (recomiendo dividir cada loncha por la mitad para forrar el hueco con las dos partes superpuestas) en el centro añadir la mezcla con una cuchara, sazonar la superficie con queso parmesano y hornear a 180° durante unos 13 min. o hasta que veas que el huevo ha cuajado. Sirve los nidos fríos o calientes.
3. Si no te gusta el queso ricotta, también puedes utilizar queso mascarpone, y si no te gustan las espinacas, prueba a sustituirlas por brócoli o grelos.

Sopa De Espinafre E Linguiça

Ingredientes:

- 2 colheres de sopa de vinagre de vinho tinto
- ½ colher de chá de orégano
- Pitada de molho picante
- 4 xícaras de caldo de galinha
- ½ xícara de creme de nata
- 500g de linguiça italiana picante 1 Colher de sopa de azeite
- 1 cebola picada
- 2 cenouras cortadas
- 1 dente de alho picado

- 2 xícaras de espinafre pequeno Sal e pimenta a gosto

Direcciones:

1. Aqueça o azeite em uma frigideira e refogue a linguiça por 5 minutos, até que ela não esteja mais rosada.
2. Transfira a salsicha para um prato e escorra em uma toalha de papel.
3. Refogue a cebola, o alho e a cenoura na mesma panela.
4. Molhe a panela com o vinagre de vinho tinto.
5. Adicione o caldo de galinha, o creme de leite, o orégano e o molho quente e mexa bem. Tempere com sal e pimenta.
6. Cozinhe a sopa por 5 minutos.
7. Transfira a salsicha de volta para a panela e misture o espinafre. Cozinhe por 1 minuto até que o espinafre murche.

Frango Tandoori

Ingredientes:

- 1 kg de coxa de frango

Para Marinada:

- 2 colheres de sopa. azeite

- 2 dentes de alho picados

- 1 colher de chá de pimenta em pó

- 1 colher de chá. gengibre fresco ralado 1 colher de chá de garam masala.

- 1 xícara de iogurte natural

- 2 colheres de chá. suco de limão

- Sal e pimenta a gosto

- ½ colher de chá de cominho.

Direcciones:

1. Com uma faca afiada, corte várias fendas nas coxas de frango. Tempere o frango com sal e pimenta e regue com o suco de limão. Junte os Ingredientes: restantes em uma tigela grande.
2. Coloque o frango na tigela e cubra bem.
3. Refrigere por até 24 horas. Quanto mais você marinar, mais sabor é absorvido.
4. Pré-aqueça o forno a 375 graus.
5. Forre uma assadeira com papel alumínio e coloque o frango por cima.
6. Asse por cerca de 45 - 50 minutos, até que a pele fique bem crocante.

Ensalada De Atún Cítricos Con Tomates

Ingredientes:

- 2 tazas de atún en agua, escurrido y desmenuzado
- 1 lima, en jugo
- 4 onzas de queso de cabra tierno
- 1 cebolla pequeña, picada
- 2 tomates rojos maduros medianos, picados
- ½ taza de cilantro fresco, picado
- Sal y pimienta negra, al gusto

Direcciones:

1. Combine los tomates, las cebollas y el cilantro en un tazón y mezcle con el jugo de lima.

2. Picar o desmenuzar el atún en trozos pequeños, sazonar con sal y pimienta y añadirlo al verduras mixtas.
3. Mezcle suavemente para distribuir uniformemente los Ingredientes: y transfiéralos a tazones para servir.
4. Sirva con queso de cabra desmenuzado encima.

Pollo A La Parrilla Marinado Con Limón Y Romero

Ingredientes:

- 2 cucharaditas de hojas secas de romero
- 2 dientes de ajo, picados
- 1 cucharadita de pimienta negra molida
- ½ cucharadita de sal de mesa
- 4 rodajas de gajos de limón, para servir
- 4 pechugas de pollo (4 onzas cada una), deshuesadas y partidas a la mitad
- 2 cucharadas de mantequilla clarificada
- 1 limón orgánico, en jugo y rallado

- 1 cucharada de aceite de oliva, para recubrir y engrasar

Direcciones:

1. Combine el jugo de limón, la ralladura de limón, el romero, el ajo, la sal y la pimienta en una tazón y agregue el pollo.
2. Cubra el pollo uniformemente con la mezcla de la marinada y enfríe durante al menos 2 horas.
3. Precaliente la parrilla de gas o carbón y cepille ligeramente las parrillas de cocción con aceite. Colocar el pollo en la rejilla y asar durante unos 5 a 10 minutos por cada lado.
4. Combine la mezcla de ghee y la marinada, y cepille uniformemente el pollo por todos lados mientras lo asa.
5. Cuando el pollo esté listo, retíralo de la parrilla y déjalo reposar durante 5 minutos.
6. Transferir en una fuente para servir y sirva tibio con rodajas de limón si lo desea.

Hamburguesa De Desayuno Keto

Ingredientes:

- 4 rebanadas de tocino

- 2 huevos grandes

- 1 cucharada de mantequilla

- Salchicha de 120 g (60 g por porción)

- 60 g de queso gouda

- Sal y pimienta para probar

Direcciones:

1. Comience por cocinar el tocino. Coloque las tiras (como las desee) sobre una rejilla de alambre sobre una bandeja para galletas.
2. Hornee a 200ºC durante 20-25 minutos o hasta que estén crujientes.

3. Formar las empanadas de salchicha y cocinarlas en una sartén a fuego medio-alto. Voltear cuando el lado inferior está dorado.
4. Rallar el queso y tenerlo listo.
5. Una vez dorado el otro lado de la salchicha, agregue el queso y cúbralo con una campana o tapa.
6. Retire las empanadas de salchicha con queso fundido y reservar. Freír un huevo muy fácilmente en la misma sartén.
7. Arme todo junto: empanada de salchicha, huevo y tocino.
8. Cocine el tocino en el horno a 200º C durante 20-25 minutos.
9. Formar y cocinar empanadas de salchicha en ambos lados. Añadir el queso, y encolar con una tapa. Retire de la sartén. Cocine el huevo

Rollo De Canela "Avena"

Ingredientes:

- 120 g de queso crema
- 3 cucharadas de mantequilla
- 1 ½ cucharadita de canela
- ½ cucharadita de vainilla
- ¼ cucharadita de nuez moscada
- ¼ cucharadita de pimienta
- 10-15 gotas de Stevia liquida
- 1 taza de nueces
- 1/3 taza de harina de semilla de lino
- 1/3 taza de semillas de chia

- ½ taza de arroz de coliflor(120 g.)

- 3 ½ tazas de leche de coco

- ¼ taza de crema espesa

Direcciones:

1. Mida las semillas de chía y 1/3 taza de semillas de lino (molidas) y póngalas a un lado.
2. Arroz 1/2 taza de coliflor en un procesador de alimentos . Deje de lado por un momento.
3. Agregue 1 taza de nueces a una bolsa hermética y use un rodillo de amasar para aplastarlas.
4. Asegúrate de que no sean demasiado pequeños, porque quieres que agreguen textura al plato.
5. Agregue las nueces a una sartén a fuego lento para tostar.

6. En una cacerola, caliente 3 1/2 tazas de leche de coco. Una vez caliente, agregue la coliflor y continúe cocinando hasta que empiece a hervir.
7. Baje el fuego a medio-bajo y agregue sus condimentos: 1 1/2 cucharadita. canela, 1/2 cucharadita. vainilla, 1/4 cucharadita Nuez moscada, y 1/4 cucharadita. Pimienta
8. En un molinillo de especias, muela 3 cucharadas. Eritritol hasta que esté completamente en polvo.
9. Agregue 10-15 gotas de stevia líquida a la sartén y agregue bien.
10. Agregue la harina de linaza y la semilla de chia a la sartén y mezcle bien. Esto comenzará a espesarse tremendamente.
11. Mida 1/4 taza de crema espesa, 3 cucharadas. mantequilla, y 3 oz. Queso crema.
12. Una vez que la mezcla esté caliente nuevamente, agregue las nueces tostadas, la

crema, la mantequilla y el queso crema.

Mezclar bien juntos. Aquí, puede agregar 1/8 cucharadita.

Sopa De Pollo Keto Fácil - Baja En Carbohidratos

Ingredientes:

- 1 taza de apio cortado en rodajas finas
- 1 1/2 tazas de calabaza en cubos
- 2 tazas de jícama, pelada y picada pequeña en "arroz"
- 4 tazas de pollo cocido, desmenuzado o picado
- 1/4 de taza de perejil fresco picado
- 1 cucharada de vinagre de sidra de manzana
- 10 tazas de caldo de pollo
- 1/2 cucharadita de ajo en polvo
- 1/2 cucharadita de orégano seco

- Sal marina y pimienta al gusto

Direcciones:

1. Combine el caldo, el ajo en polvo, el orégano seco, el apio, la calabaza y la jícama en una olla grande.
2. Llevar a ebullición, luego bajar el fuego y cocinar a fuego lento (sin tapar) durante 30 minutos, o hasta que las verduras estén tiernas.
3. Añade el pollo y cocina otros 5 minutos, o hasta que esté bien caliente (no cocines demasiado el pollo o se pondrá duro).
4. Retirar del fuego y añadir el perejil y el vinagre de sidra de manzana.
5. Sazona con sal marina y pimienta al gusto antes de servir.

Asado Cetogénico Fácil

Ingredientes:

- 1/4 de taza de vinagre balsámico
- 2 tazas de agua
- 1/2 taza de cebolla picada
- 1/4 de cucharadita de goma xantana
- Un asado de ternera deshuesado, de aproximadamente 3 lbs.
- 1 cucharada de sal kosher gruesa (si utiliza sal fina, reduzca a la mitad)
- 1 cucharadita de pimienta negra molida
- 1 cucharadita de ajo en polvo
- Perejil fresco, picado para decorar

Direcciones:

1. Sazona el asado de cerdo con sal, pimienta y ajo en polvo por ambos lados.
2. En una sartén grande de fondo grueso, dorar el asado por ambos lados. Desglasar la sartén con el vinagre balsámico y cocinar durante un minuto.
3. Añada el agua y la cebolla a la sartén. Llevar a ebullición.
4. Tapar y dejar cocer a fuego lento de 3 a 4 horas o meter en el horno a 350 grados durante 4 horas.
5. Saque con cuidado la carne de la sartén y pásela a un bol grande. Desmenuzar con cuidado en trozos y retirar cualquier trozo grande de grasa u otros residuos.
6. Batir la goma xantana en el caldo y añadir la carne de nuevo a la sartén.
7. Servir encima, adornado con mucho perejil fresco picado.

8. Para hacer en la olla instantánea:
9. Corta el asado de ternera por la mitad para tener dos trozos. Sazona el asado con sal, pimienta y ajo en polvo por todos los lados. Utilizando la función de saltear de la olla instantánea, dora los trozos de asado por ambos lados.
10. Añade 1/4 de taza de vinagre balsámico, 1 taza de agua y 1/2 taza de cebolla a la carne. Tapa y sella, luego usando el botón manual programa el temporizador para 40 minutos. Cuando el temporizador se agote, libera la presión moviendo la palanca a la posición de "ventilación". Una vez liberada toda la presión, destape la olla.
11. Saque con cuidado la carne de la olla y pásela a un bol grande. Desmenúzala con cuidado en trozos y retira los trozos grandes de grasa u otros desechos.

12. Utilice la función de saltear para llevar el líquido restante a ebullición en la olla, y cocine a fuego lento durante 10 minutos para reducirlo.

Omelette Keto Con Queso

Ingredientes:

- Pimienta al gusto. (Opcional)

- 2 o 3 champiñones en rodajas.

- 15 gramos de espinaca.

- 2 o 3 tomates en rodajas.

- 1 cuchardita de oregano seco.

- 2 o 3 Huevos.

- Al menos, 75 gramos de queso rallado. (También puede ser en rodajas sin ningún problema)

- 1 o 2 cucharaditas de mantequilla. (También puedes sustituir la mantequilla por aceite de oliva o aceite de coco)

- 1 o 2 cucharaditas de crema para batir.

- Sal al gusto.

- Un poco de pollo. (Opcional)

Direcciones:

1. Debes agregar en un tazón los huevos, la crema y la sal. (Si quieres añadir pimienta, también puedes hacerlo) Una vez añadido todo, deberás batirlo.
2. Deberás añadir para calentar una o dos cucharadas de mantequilla sobre un sartén, luego extender sobre la base creada, el queso rallado. Debe ser uniforme y que cubra el fondo.
3. Añadir la mezcla de huevo sobre el queso y cocinar por 1 o 2 minutos sin revolver los Ingredientes:.
4. Una vez que te percates de que comienzan a cuajar los huevos, deberás voltear la mitad

vacía sobre la mitad donde están los

Ingredientes:. (Debe estar en formula de luna)

Pan Keto Con Mantequilla Derretida

Ingredientes:

- Sal al gusto.

- 75 gramos de aceite de coco derretido.

- 480 ml de agua. (El agua debe estar hirviendo)

- 2 o 3 dientes de ajo picados.

- 170 o 180 ml de harina de coco.

- ½ cucharadita de cebolla molida.

- 2 cucharaditas de cascara de psilio en polvo. También puedes sustituirlo por semillas de Chía.

- 120 gramos de mantequilla.

Direcciones:

1. Deberás mezclar todos los Ingredientes: secos en un tazón; recomendamos que juntes todo allí, posteriormente, añadir el aceite y el agua hirviendo.
2. Revolver todo.
3. Esperar entre 5 al 10 minutos hasta que la masa se forme, estará firme pero flexible.
4. Dividirla en partes y armar bolas con esas partes, luego aplastarla con las manos sobre un papel para hornear.
5. Posteriormente, freír por rondas en el sartén hasta que agarren un color dorado, allí sabrás que están listas.
6. El horno debe estar a una temperatura no menor a 70º Celcius.
7. Deberás derretir la mantequilla y revolver en ella el ajo, aplica la mantequilla en los trozos utilizando una pequeña herramienta; puede

ser un pincel o un cuchillo, después rocía la sal por encima. 8) ¡A disfrutar!

Filetes De Coliflor Con Aguacate

Ingredientes:

- ½ cucharadita de polvo de cebolla
- ½ cucharadita de paprika molida
- Sal marina y pimienta a gusto
- 1 aguacate cortado en rodajas
- ¼ taza de cilantro fresco picado
- 1 coliflor pequeño
- ¼ taza de aceite de oliva
- 1 tomate pequeño cortado en cuadraditos

Direcciones:

1. Precalietne el horno a 400 grados Centígrados. Y cubra una fuente para horno con papel de manteca.
2. Corte el coliflor en rodajas verticales en cuatro filetes y colóquelos en la fuente.
3. En un recipiente mezcle el aceite de oliva, el polvo de cebolla, la paprika , la sal y la pimienta. Forme una mezcle y con un pincel coloque la mezcla en los filetes de coliflor.
4. Cocine al horno por 15 minutos. De vuelta los filetes y cocine por otros 15 a 20 minutos.
5. Remueva los filetes de la fuente y colóquelos en un plato.
6. Sobre los filetes coloque el aguacate en rodajas, el tomate y rocíe con un poco de aceite de oliva.

Salteado De Tufú

Ingredientes:

- 1 diente de ajo picado
- ½ taza de salsa de soja
- ½ pimiento rojo
- ½ brócoli
- 170 gramos de tofu extra firme
- 1 cucharada de aceite de oliva
- ½ coliflor
- Jugo de 1 limón

Direcciones:

1. Comience drenando el tofu 1.5 horas antes de que desee que su comida esté lista.

2. Enrolle el tofu en una toalla absorbente varias veces y luego coloque algo pesado encima para presionar. Utilizo una olla encima de una tabla de cortar y a veces agrego algo a la olla para agregar más peso. Haz esto por 15 minutos.
3. Cerca del final del drenaje, precaliente el horno a 200 C y cubra el tofu. Colocar en una bandeja para hornear forrada de pergamino y organizar en una sola capa. Hornee durante 25 minutos para secar y reafirmar el tofu. Una vez horneado, retirar del horno y dejar enfriar.
4. Prepare la salsa batiendo los Ingredientes: hasta que se combinen. Pruebe y ajuste el sabor según sea necesario.
5. Agregue tofu enfriado a la salsa y revuelva para cubrir. Deje marinar durante al menos 15 minutos para saturar el tofu e infundir el sabor.

6. Mientras tanto, triture la coliflor en arroz usando un rallador grande o un procesador de alimentos. No lo quieres demasiado fino, solo un poco cerca de la textura del arroz. Dejar de lado. Pica el ajo si aún no lo has hecho y prepara las verduras , el brócoli y el aji.
7. Calienta en una sartén aceite de oliva y sofríe a fuego moderado las verduras. Agrega un poco de salsa de soja y mezcla bien .
8. Use una cuchara ranurada para colocar tofu en la sartén precalentada. Agregue unas cucharadas de salsa para cubrir.
9. Cocine, revolviendo frecuentemente durante unos minutos hasta que se dore. Se pegará un poco a la sartén, así que no te preocupes. Retirar de la sartén y reservar y cubrir para mantener el calor.
10. Coloque las verduras y el tufú de la sartén en un fuente para horno. Agregue el ajo picado,

una llovizna de aceite de oliva y el arroz de coliflor y revuelva todos los Ingredientes:.
11. Cocine por unos 5-8 minutos hasta que estén ligeramente dorados y tiernos, revolviendo ocasionalmente. Luego agregue unas cucharadas de salsa para sazonar y revuelva.

Cerdo Asado (O Cordero) Con Hinojo

Ingredientes:

- 1/3 taza de romero fresco
- 1 cucharada de mostaza Dijon
- 2 cucharadas de ralladura de limón
- 2 cucharadas de aceite de oliva
- 2 cucharaditas de semillas de hinojo
- 2 libras de lomo de cerdo (o cordero)
- 8 dientes de ajo, machacados
- Sal y pimienta negra, al gusto

Direcciones:

1. Comience precalentando su horno a 400 F. Coloque el lomo de cerdo (o cordero) en una

fuente para horno, con el lado graso hacia arriba.

2. Muele el ajo, el romero, la ralladura de limón y el hinojo en un procesador de alimentos, luego agrega el mostaza, aceite de oliva y un poco de sal y pimienta a la mezcla y seguir procesando hasta formar una pasta suave Unte la mezcla de mostaza, ajo y hierbas sobre el lomo de cerdo (o cordero).

3. Coloque el lomo de cerdo (o cordero) en el horno y cocine durante 1 hora o hasta que un termómetro para carne insertado en la parte más gruesa indica al menos 140 F. Retire el lomo de cerdo (o cordero) del horno y déjelo reposar durante 20 minutos antes de rebanar y servir.

Calabaza Espagueti Con Búfalo A La Boloñesa

Ingredientes:

- 4 tomates grandes, cortados en cubitos
- 4 dientes de ajo, picados
- 2 cucharaditas de orégano
- 2 cucharaditas de aceite de oliva
- 1 calabaza espagueti de tamaño mediano
- 1 libra de búfalo molido
- 1 pimiento verde, cortado en cubitos
- 1 cebolla amarilla grande, cortada en cubitos
- Sal y pimienta negra, al gusto

Direcciones:

1. Precaliente su horno a 400 F. Perfore la calabaza espagueti en algunos lugares y una vez que el horno haya alcanzado 400 F, coloque la calabaza en una bandeja para hornear y hornee por 1 hora.
2. Mientras se hornea la calabaza espagueti, caliente el aceite de oliva en una sartén grande a fuego alto. Una vez el
3. la sartén está caliente, agregue el búfalo molido y cocine por 5 minutos, revolviendo ocasionalmente.
4. Escurrir la grasa y desechar, luego agregar los tomates picados, el pimiento verde picado, el ajo picado, el orégano y un poco pimienta negra.
5. Lleve la mezcla a ebullición y luego reduzca a fuego medio-bajo y cocine a fuego lento, tapado, revolviendo ocasionalmente.
6. Cocine por otros 15 minutos sin tapar, revolviendo regularmente.

7. Una vez que la calabaza espagueti esté lista, retírela del horno, córtela por la mitad a lo largo y déjala enfriar durante unos minutos. Retire las semillas y separe la pulpa en hebras con un tenedor.
8. Coloque una porción de la calabaza espagueti en platos individuales, cubra con la salsa de búfalo y sirva.

Calabaza Moscada Con Tocino Y Res

Ingredientes:

- 3 cebollas pequeñas, rebanadas, 1 reservada

- 1 tallo de apio, cortado en cubitos

- Sal y pimienta

- 3 cucharadas canela

- 1 calabaza moscada, alrededor de 2 libras. Cortar por la mitad

- 1 libra de carne molida

- 6 rebanadas de tocino

- Vinagre balsámico (alrededor de 2 cucharadas)

Direcciones:

1. Precaliente el horno a 350°F.
2. Corte la calabaza por la mitad y raspe las semillas.
3. Coloque boca abajo en un plato Pyrex con ½ pulgada de agua caliente y cocine por 30 minutos.
4. Mientras está en el horno, cocina el tocino en una sartén hasta que esté crujiente, reserva y deja la grasa de tocino en la sartén.
5. Agregue 2 cebollas en rodajas y apio a la sartén y luego agregue la carne.
6. Sazone con sal, pimienta y canela.
7. Continúe revolviendo hasta que la carne esté lista. Retirar del fuego y colocar en un cuenco.
8. Retire la calabaza del horno. Cuando puedas manejarlo, raspa algunos de las tripas, dejando alrededor de ¼ de pulgada de calabaza. Agregue la calabaza al tazón con la carne.

9. Desmenuce el tocino y agréguelo también al tazón. Mezclar bien. Rellenar ambas calabazas mitades con la mezcla de carne y hornear en el horno durante 20 minutos.
10. Mientras se hornea la calabaza, agregue la cebolla rebanada reservada y balsámico vinagre a una sartén y cocine a fuego lento hasta que se caramelice.
11. Retire la calabaza del horno, cubra con cebollas caramelizadas y sirva.

Espaguetis Con Salsa De Pimiento Rojo Asado

Ingredientes:

- 1 cebolla, picada
- 3 dientes de ajo, picados
- 20 onzas de tomates, cortados en cubitos
- 6 onzas de pasta de tomate
- 1 cucharadita tomillo
- 1 cucharadita orégano
- 1 calabaza espagueti
- 1 libra de carne molida alimentada con pasto
- 1 pimiento rojo asado, cortado en cubitos
- 1 chile serrano asado, cortado en cubitos

- Sal y pimienta para probar

Direcciones:

1. Precaliente el horno a 375°F.
1. Corte la calabaza espagueti por la mitad a lo largo y raspe las semillas y la pulpa.
2. Hornear (con la corteza hacia arriba) durante 30 a 40 minutos. Deje que se enfríe y luego pase un tenedor por el calabaza para raspar los hilos. Dejar de lado.
3. En una cacerola a fuego medio, saltee las cebollas, el ajo y los pimientos en el aceite de tu elección. Cocine hasta que las cebollas estén transparentes.
4. Agregue la carne molida y continúe salteando hasta que la carne esté bien cocida.
5. Agregue todos los Ingredientes: restantes (excepto la calabaza espagueti) y revuelva bien. Cubrir y dejar cocer a fuego lento durante 10-20 minutos revolviendo de vez en cuando.

6. Sirva la calabaza espagueti y vierta la salsa por encima.
7. Disfruta.

Sopa De Pollo Y Huevo

Ingredientes:

- 2 cucharadas de pasta y de chile

- 2/2 cubo del caldo de pollo

- 4 huevos

- 2 cucharada de grasa de tocino

- 1/2 tazas de caldo de pollo

Direcciones:

1. Calienta una sartén a fuego medio-alto y agrega el caldo, la grasa de tocino y el cubo de caldo.
2. Una vez que la sopa comience a hervir, agrega la pasta de chile y revuelve continuamente por un minuto. Ahora retíralo del fuego.

3. Bate los huevos en un recipiente aparte y viértelo en el caldo.
4. Revuelve y deja reposar durante unos 30 segundos.

Sopa De Brócoli

Ingredientes:

- 1 cucharadita de polvo de cebolla
- 1 rama apio
- ½ taza de caldo de pollo
- 2 cucharadas de crema batida pesada
- 70 gramos de brócoli
- 2 cucharadas de queso cheddar
- 1 cucharada de ghee
- Sal y pimienta al gusto

Direcciones:

1. Corta el brócoli en pedacitos.

2. En una olla a fuego moderado coloca el ghee, la cebolla seca, el apio y la sal y pimienta y cocínalo hasta que el apio se vuelva transparente.
3. Agrega el brócoli y cocínalo por unos 3 minutos.
4. Incorpora el caldo de pollo y la crema y subir el fuego hasta que hierva.
5. Baja a fuego lento y agrega el queso.

Caldo De Res Con Vegetales Al Estilo Oriental

Ingredientes:

- ½ cabeza brócoli
- ¼ de cabeza de repollo
- 1 ajo molido
- 1 ají
- 1 cebolla
- Jengibre
- Hongos al gusto
- Salsa china y oscura
- 500 gramos de carne de res con hueso
- 5 vainas habichuelas

- ½ chayote

- Sal, pimienta, cilantro, aguacate y picante opcional

Direcciones:

1. Aliña el jarrete con sal, pimienta, ajo molido, cebolla, cilantro y ají.
2. En una olla con agua salada hirviendo, coce las habichuelas y el brócoli. Retira el Brócoli cuando esté verde brillante, las habichuelas pueden durar un poco más.
3. Cuando estén suaves sácalas y reserva el agua. Corta las habichuelas y el Brócoli en trozos.
4. En otra olla pon a hervir el chayote con una pizca de sal, hasta que este suave. Cuando esté deja enfriar, pélalos y córtalo en cubos.
5. En una cacerola agrega aceite a fuego medio y sofríe el jarrete hasta que dore.

6. Agrega 1/2 taza de agua y déjalo cocinar a fuego alto.
7. Vigila la textura de la carne, es probable que debas agregar más agua (hazlo poco a poco).
8. Cuando la carne esté suave, agrega el agua donde cocinaste las habichuelas, los hongos y el brócoli.
9. Agrega las habichuelas, chayote y el brócoli y revuelve para que vayan mezclándose los sabores.
10. Agrega 1 cucharada de salsa china y salsa oscura disuelta en medio litro de agua.
11. Pica tres o cuatro trozos de Jengibre de 1 pulgada de tamaño. Hecha sal y pimienta.
12. 3 minutos antes de apagar el caldo agrega el repollo. Tapas y deja reposar.
13. Pela el aguacate y sírvelo al gusto con el caldo. También puedes agregar picante y cilantro picado.

Tortillas Cetogénicas

Ingredientes:

- 1 cucharada de polvo de hornear
- 1/2 cucharada de sal kosher
- 3 cucharadas de jugo de lima
- 1 huevo, ligeramente batido
- 1 taza de harina de almendras
- 1/2 c. de harina de coco
- 2 cucharadas de goma xantana
- 1 cucharada de agua

Direcciones:

1. Mezclar la harina de almendras, la harina de coco, la goma de xantana, el polvo de hornear

y la sal en el tazón de un procesador de alimentos. Pausar durante unos 5 segundos hasta que esté bien mezclado.

2. Con el procesador de alimentos en marcha, vierte lentamente el jugo de lima, luego huevo, y luego agua, a la mezcla de harina. Cuando la masa se junte para formar una bola, vacía en un pedazo de envoltura de plástico y envuelve firmemente. Amasar la masa durante uno o dos minutos con las manos; a continuación, colocar en el refrigerador para que descanse durante 10 minutos.

3. Dividir la masa en 8 bolas pequeñas, aproximadamente 11 x 2 pulgadas de diámetro. Colocar una bola entre dos trozos de pergamino o papel de cera y rodar hasta que sea de aproximadamente 1/8 pulgadas de grosor. La tortilla debe tener

aproximadamente 5 a 6 pulgadas de diámetro.

4. Calienta una sartén de hierro fundido grande a fuego medio-alto. Cuando esté caliente, agrega la tortilla y cocina hasta que se queme ligeramente durante unos 20 segundos a cada lado.

5. Mientras un lado está cocinando, continúa implementando la siguiente. Continúa hasta que todas las tortillas estén enrolladas y cocidas. Servir.

Ensalada Club Vegetariana Ceto

Ingredientes:

- 1 cucharada de leche
- 3 huevos grandes, duros y en rodajas
- 4 onzas de queso cheddar, en cubos
- 3 tazas de lechuga romana, ralladas
- 1/2 taza de tomates cherry, cortados a la mitad
- 1 taza de pepino cortado en cubos
- 2 cucharadas de crema agria
- 2 cucharadas de mayonesa
- 1/2 cucharadita de ajo en polvo

- 1/2 cucharadita de cebolla en polvo

- 1 cucharadita de perejil seco

- 1 cucharada de mostaza Dijon

Direcciones:

1. Preparar el aderezo mezclando la crema agria, la mayonesa y las hierbas secas hasta que estén bien mezcladas
2. Agregar una cucharada de leche y mezclar. Si el apósito parece demasiado espeso, agregar otra cucharada de leche.
3. También agregar otra cucharada de leche al recuento final de grasa/proteína/hidratos de carbono.
4. Capa de su ensalada con las verduras frescas, queso y huevo en rodajas. Añadir una cucharada de mostaza Dijon en el centro

5. Rocía con el aderezo preparado con aproximadamente 2 cucharadas por cada porción, luego revolver para cubrir.

Ensalada De Verduras Y Queso De Cabra Frito

Ingredientes:

- 1 cucharadita de hojuelas de ajo
- 4 onzas de queso de cabra, cortado en medallones gruesos de 41 x 2
- 1 pimiento rojo mediano, semillas retiradas, cortadas en 8 trozos
- 1/2 taza de champiñones Portobello bebés, en rodajas
- 4 tazas de rúcula, divididas entre dos cuencos
- 2 cucharadas de semillas de amapola
- 2 cucharadas de semillas de sésamo
- 1 cucharadita de hojuelas de cebolla

- 1 cucharada de aceite de aguacate

Direcciones:

1. Mezcla las semillas de amapola con las semillas de sésamo, la cebolla y las hojuelas de ajo en un plato pequeño
2. Recubre cada pedazo de queso de cabra en ambos lados. Coloca el plato en el refrigerador hasta que esté listo para freír el queso
3. Preparar una sartén con spray antiadherente y calentar a medio. Asar los pimientos y los champiñones de ambos lados, sólo hasta que las piezas comiencen a oscurecer y los pimientos se suavicen. Añadir a los cuencos de rúcula.
4. Coloca el queso de cabra frío en la sartén y fríe de cada lado durante unos 30 segundos. Esto se derrite rápidamente, así que voltea suavemente cada pieza

5. Agrega el queso a la ensalada y rocía con aceite de aguacate. Servir y disfrutar, preferentemente caliente.

Mousse Ceto De Yogur Y Arándanos

Ingredientes:

- 170 g de yogur blanco griego o de frutas del bosque
- 100 g de arándanos
- 200 ml de nata para montar
- edulcorante al gusto stevia o eritrol

Direcciones:

1. Calentar los arándanos durante un par de minutos con un par de cucharadas de agua y añadir edulcorante al gusto. Retirar del fuego y triturar con una batidora de inmersión tipo minipimer y dejar enfriar.
2. Mientras tanto, montar la nata con una batidora eléctrica y añadir el yogur griego.

3. Cuando haya alcanzado una densidad consistente y cremosa, añadir la mezcla de arándanos suavemente, removiendo ligeramente hasta crear una mousse.
4. Verter en 4 vasitos y dejar enfriar en la nevera antes de servir.

Crema De Mascarpone De Cacao Y Almendras

Ingredientes:

- 250 g de mascarpone
- 5 gotas de edulcorante (tic u otro)
- Cacao amargo en polvo
- 3 yemas de huevo
- 2 claras de huevo
- Almendras fileteadas

Direcciones:

1. Batir las yemas con el mascarpone y el edulcorante y, a continuación, montar las claras a punto de nieve por separado y añadirlas suavemente a la mezcla anterior.

2. Repartir la crema en 4 vasitos, espolvorear con cacao amargo y esparcir por encima unas láminas de almendras peladas. Enfríe los vasitos en el frigorífico y sírvalos fríos.

Gachas Con Canela Y Frutos Secos

Ingredientes:

- 5 nueces

- 5 almendras

- 5 avellanas

- 1 cucharada de harina de coco

- 1 cucharadita de canela en polvo

- 300 ml de leche de almendras

- 3 cucharadas de semillas de chía

- 2 cucharadas de copos de coco sin azúcar

- 1 cucharada de harina de almendra

Direcciones:

1. Verter la leche en un cazo y añadir las harinas tamizadas, calentar la leche durante unos 4-5 min. y remover para evitar grumos, después apagar.
2. Trocea todos los frutos secos y añádelos a la leche con las semillas de chía y los copos de coco y, a continuación, transfiere la mezcla a dos cuencos pequeños. Sirve las gachas calientes espolvoreadas con canela en polvo.
3. Si quieres, puedes preparar las gachas con un día de antelación y dejarlas reposar toda la noche en la nevera, ¡así tendrás una deliciosa avena nocturna para disfrutar en el desayuno!

Cordeiro Ao Curry

Ingredientes:

- ½ colher de chá de gengibre ralado
- ½ colher de chá de açafrão
- ½ colher de chá de curry em pó
- ½ colher de chá de garam masala
- 2 xícaras de caldo de carne 1 xícara de iogurte grego
- 1 kg de carne de cordeiro 1 Colher de sopa de azeite 1 cebola picada
- 3 dentes de alho picados
- 1 colher de chá de suco de limão

Direcciones:

1. Corte a carne de cordeiro em pedaços pequenos
2. Refogue a cebola no azeite por 5 minutos, adicione o alho, gengibre, açafrão, curry e garam masala. Mexa por mais 5 minutos.
3. Adicione a carne e deixe dourar por 10 minutos.
4. Despeje o caldo de carne e deixe ferver por 40 minutos. Retire do fogo e misture o iogurte e suco de limão.

Biscoitos De Cheddar

Ingredientes:

- 1 xícara de cream cheese

- 3 ovos

- 2 colheres de chá de fermento em pó

- 2 xícaras de farinha de amêndoa 1 xícara de queijo cheddar ralado 1 xícara de óleo de coco

- 1 colher de chá de bicarbonato de sódio
  Pitada de sal

Direcciones:

1. Preaqueça o forno a 325 graus.
2. Cubra uma assadeira com papel alumínio.
3. Coloque a farinha e o queijo em um processador de alimentos e pulse para uma consistência granulada.

4. Adicione o fermento e o bicarbonato de sódio.
5. Aqueça o cream cheese e o óleo de coco em uma panela pequena e aqueça até derreter. Mexa para uma suavidade cremosa.
6. Bata os ovos e adicione o sal.
7. Mexa a mistura de farinha na mistura de ovos e mexa até formar uma massa.
8. Use uma colher de sopa para colocar a massa sobre a assadeira. Asse por 25 minutos.
9. Deixe os biscoitos esfriarem para fatiar.

Ensalada Fácil De Atún Keto: Baja En Carbohidratos Y Paleolítica

Ingredientes:

- 3 cucharadas de mayonesa "real" (prefiero duke's o hellman's)
- 1 cucharadita de copos de cebolla seca
- 1 taza de atún en lata, escurrido (unas 2 latas)
- Sal y pimienta al gusto.

Direcciones:

1. Combinar el atún, la mayonesa y los copos de cebolla secos en un bol pequeño.
2. Remover y probar.
3. Sazone con sal y pimienta al gusto.
4. El final.

Hummus De Coliflor Baja En Carbohidratos

Ingredientes:

- 3 dientes de ajo enteros
- 1,5 cucharadas de pasta de tahini
- 3 cucharadas de zumo de limón
- 2 dientes de ajo crudos, machacados (además de los anteriores)
- 3 cucharadas de aceite de oliva virgen extra
- 3/4 de cucharadita de sal kosher
- 3 tazas de flores de coliflor crudas
- 2 cucharadas de agua
- 2 cucharadas de aceite de aguacate o de oliva

- 1/2 cucharadita de sal

- Pimentón ahumado y aceite de oliva extra para servir

Direcciones:

1. Combina la coliflor, el agua, 2 cucharadas de aguacate o aceite de oliva, 1/2 cucharadita de sal kosher y 3 dientes de ajo enteros en un plato apto para microondas.
2. Calienta en el microondas durante unos 15 minutos, o hasta que se ablande y adquiera un color oscuro.
3. Poner la mezcla de coliflor en una bala mágica, batidora o procesador de alimentos y batir.
4. Añadir la pasta de tahini, el zumo de limón, 2 dientes de ajo crudos, 3 cucharadas de aceite de oliva y 3/4 de cucharadita de sal kosher.

5. Mezclar hasta que la mezcla sea casi homogénea. Probar y ajustar la sazón si es necesario.
6. Para servir, coloque el hummus en un bol y rocíe con aceite de oliva virgen extra y una pizca de pimentón.
7. Utilice manzanas ácidas cortadas en rodajas finas, palitos de apio, chips de rábano crudo u otras verduras para mojar.

Arroz Cavernícola Con Chile Y Coliflor

Ingredientes:

- 4 onzas de chiles verdes, enlatados, picados

- 2 cucharaditas comino molido

- 1 cucharada. Orégano seco

- 1 cucharadita pimienta de cayena

- 1 cucharadita pimienta negra recién molida

- 1 cucharadita sal

- 1 taza de caldo de res o pollo

- 2 cebollas amarillas medianas, picadas

- 2 pimientos verdes, picados

- 4 dientes de ajo, picados

- 2 libras. carne de res molida
- 14 onzas de tomates, enlatados, escurridos, picados
- Arroz De Coliflor

Direcciones:

1. En una sartén, saltee las cebollas, los pimientos y el ajo hasta que empiecen a ponerse suave.
2. Agregue la carne molida y cocine hasta que se dore. Escurrir el exceso de grasa.
3. Transfiera la carne y las verduras a la olla de cocción lenta.
4. Agregue todos los Ingredientes: restantes y mezcle bien.
5. Tape y cocine a fuego lento durante 6 horas. Sirva sobre una cama de arroz con coliflor.

Arroz De Coliflor

Ingredientes:

- 1 cabeza de coliflor, cortada en floretes

- Sal, pimienta y ajo al gusto

Direcciones:

1. Coloque los floretes de coliflor en un procesador de alimentos y mezcle hasta obtener
2. la textura y consistencia del arroz.
3. Llene una olla con 1/4 taza de agua y caliente a fuego medio-alto. poner coliflor arroz en una canasta humeante y colóquelo encima de la olla. Cubra con una tapa. Permitir vapor durante unos 5-10 minutos.
(Alternativamente, puede transferir el arroz de coliflor

4. a un plato apto para microondas, cubra y cocine en el microondas a temperatura alta durante 5 minutos. Si microondas, no agregue agua.)
5. Agregue sal, pimienta y ajo al gusto. Atender.

Cerdo Desmenuzado

Ingredientes:

- 2 cucharadas. Chile en polvo
- 2 cucharadas. Comino molido
- 1 cucharada. Pimienta negro
- 1 cucharada. Orégano seco
- 1 cucharada. Pimienta blanca molida
- 2 cucharaditas pimienta de cayena
- 4 libras de lomo de cerdo con hueso
- 4 cucharadas pimentón ahumado
- 2 cucharadas sal marina
- Salsa bbq bestia

Direcciones:

1. Para hacer el adobo, mezcle todos los Ingredientes: excepto la paleta de cerdo y la barbacoa.
2. salsa en un tazón pequeño para mezclar.
3. Masajee la mezcla de especias por toda la carne en cada grieta que pueda encontrar. Estrechamente,
4. envuelva dos veces el asado en una envoltura de plástico y refrigere por lo menos 3 horas, pero hasta a 3 dias.
5. Desenvuelva el asado y colóquelo en la olla de barro. Agregue 1/4 taza de agua y voltee la olla de barro a fuego lento.
6. Cocine durante 8-10 horas, hasta que la carne esté tierna.
7. Transfiera el asado a una tabla de cortar y deseche todo el líquido en la olla de barro.
8. Separe la carne cortándola en tiras finas con dos tenedores o con dedos.

9. Vuelva a colocar toda la carne desmenuzada en la olla de cocción lenta y mezcle con una tanda completa de Salsa BBQ Bestia. Caliente a fuego lento durante 60 minutos o hasta que esté caliente.
10. Sirve y disfruta.

Ensalada De Brócoli Cetogénica

Ingredientes:

- 1/4 de cebolla roja, cortada en rodajas finas
- 3 tiras de tocino, cocido y rallado
- 3 cucharadas de cebollín recién picado
- 1/4 de almendras tostadas
- 3 cucharadas de vinagre de sidra de manzana
- 3 cabezas de brócoli en trozos del tamaño de un bocado
- Cheddar medio rallado
- Mayonesa para el aderezo
- Pimienta negra recién molida

- Sal kosher

Direcciones:

1. Vierta 6 tazas de agua salada en una olla de tamaño mediano para hervir. Mientras lo hace, llene un tazón grande con agua helada.
2. Agregue los floretes de brócoli al agua hirviendo y cocine hasta que estén tiernos durante 1 a 2 minutos. Retirar con una cuchara ranurada y meter en el tazón de agua helada. Escurrir floretes en un colador.
3. En un tazón mediano, bate para combinar los Ingredientes: del aderezo. Sazonar a gusto con sal y pimienta.
4. Mezcla todos los Ingredientes: de la ensalada en un tazón grande y vierte sobre el aderezo.
5. Mezcla hasta que los Ingredientes: se combinen y estén completamente recubiertos. Refrigera hasta que esté listo para servir.

Waffles De Tomillo Y Queso

Ingredientes:

- 2 tallos de cebollas verdes

- 1 cucharada de semilla de sésamo

- 1 cucharada de aceite de oliva

- 2 cucharaditas de tomillo recién picado

- 1 cucharadita de ajo en polvo

- 1/2 cucharadita de pimienta negra molida

- 1/2 coliflor de cabeza grande, arrozada

- 1 taza de queso mozzarella finamente rallado

- 1 taza de verduras de cuello empacado

- 1/3 taza de queso parmesano

- 2 huevos grandes

- 1/2 cucharadita de sal

Direcciones:

1. Prepara tu coliflor y tomillo cortando la coliflor en floretes. Corta la cebolla de primavera en rodajas pequeñas, y arranca el tomillo de los tallos.
2. En un procesador de alimentos, rice la coliflor pulsando hasta que se forme una textura desmenuzada
3. Agrega la cebolla de primavera, el tomillo y los verdes de cuello a la mezcla y continúa pulsando hasta que todo esté bien mezclado
4. Pon la mezcla en un tazón grande
5. Añade 1 taza de queso mozzarella, 1/3 de taza de queso parmesano, 2 huevos grandes, 1 cucharada de semilla de sésamo, 1 cucharada de aceite de oliva, 1 cucharadita de ajo en

polvo, 1/2 cucharadita de pimienta negra y 1/2 cucharadita de sal.
6. Mezcla todo bien hasta que se forme una masa suelta.
7. Calienta la plancha hasta que esté lista. A continuación, vierte la mezcla en la wafflera uniformemente.
8. Deje que el waffle se cocine, de acuerdo con las Direcciones: del fabricante
9. Retira los waffles y sirve caliente.

Caserola Cetogénica Cremosa De Setas

Ingredientes:

- 2 tallos de cebollas verdes picadas
- 1/2 taza de champiñones picados
- 2 cucharadas de crema agria
- 8 muslos medianos de pollo
- 1 coliflor grande, picada
- 8 onzas de queso crema

Direcciones:

1. Coloque los muslos de pollo en un plato de cazuela. A continuación, poner las setas y coliflor sobre ella.
2. Mezclar el queso crema, la crema agria y las cebollas verdes en un tazón separado.

3. Esparce la mezcla de queso en la coliflor.
4. Mezclar la cazuela hasta que la mezcla de queso crema cubra todas las verduras.
5. Hornea a 350F durante unahora.

www.ingramcontent.com/pod-product-compliance
Lightning Source LLC
LaVergne TN
LVHW010224070526
838199LV00062B/4709